LACHMUND · ALT-HAMBURG DURCH DIE KAMERA

FRITZ LACHMUND

Alt-Hamburg durch die Camera

Photographische Bilddokumentationen
aus dem alten Hamburg 1850-1910

CHRISTIANS VERLAG

„*Alt-Hamburg durch die Camera*“ war der Titel einer Ausstellung, die die Hamburger Sparcasse von 1827 zum 60. Geburtstag Fritz Lachmunds – also genau 50 Jahre, nachdem seine Sammelleidenschaft begann – zusammengestellt hatte. Das große Interesse, das die Hamburger den Photodokumenten aus der Vergangenheit ihrer Stadt entgegenbrachten, gab den Anstoß für die Herausgabe dieses Bildbandes.

Satz und Druck: Hans Christians Druckerei
Klischees: abc-clischés, Hamburg · Einband: Ladtstetter, Hamburg
Printed in Germany ISBN 3 7672 0004 X

Einleitung

Die Flammen des Großen Brandes von 1842 verwandelten große Teile der Hamburger Altstadt in Trümmerfelder. Diese unvermutet über die Stadt hereingebrochene Katastrophe und der folgende Wiederaufbau bildeten die Anfänge städtebaulicher Veränderungen großen Ausmaßes, die sich in der zweiten Hälfte des Jahrhunderts vor allem aus der ungemein lebhaften wirtschaftlichen Entwicklung der Stadt und ihres Hafens ergaben. Bei der Hafenerweiterung, den Straßendurchbrüchen und durch Sanierungen verschwanden ganze Stadtviertel, und mit ihnen viele architektonisch bemerkenswerte Bauten. Das Stadtbild, das noch in der ersten Hälfte des 19. Jahrhunderts eine fast geschlossene mittelalterliche Einheit gebildet hatte, beginnt sich völlig zu verändern.

Dennoch ging den Nachfahren nicht alles verloren; denn gerade in diesen Jahrzehnten begann die noch sehr junge Photographie, reizvolle städtische Motive auf ihre Platten zu bannen, Aufnahmen von Häusern, Straßen und Menschen, die heute unwiederbringliche „Dokumente" sind.

Einer der ersten Meister der neuen Kunst war der seinerzeit rühmlichst bekannte Lithograph Charles Fuchs. Er stellte bereits um das Jahr 1845 seine ungefüge Holzkamera auf das Katzenkopfpflaster althamburgischer Straßen und Plätze. Ihm verdanken wir eine Reihe von Stadtansichten, die in dieser Form – und aus dieser Zeit – in den Archiven späterer städtischer und privater

Sammler gefehlt hätten. Er arbeitete bereits nach dem Negativverfahren des Engländers Talbot, das heißt mit Papiernegativen, die, mit Hilfe von Bienenwachs durchsichtig gemacht, die Anfertigung von Kopien ermöglichten.

Diese matten und sepiafarbenen Erzeugnisse hatten noch nicht die Schärfe und Brillanz der späteren Abzüge von Glasplatten. Aus diesem Grunde wurden die von Fuchs hergestellten „Talbotypien“ (wie sie nach ihrem Erfinder genannt wurden) mit der Hand ausgemalt bzw. übermalt. Diese kolorierten Talbotypien aus der Frühgeschichte der Photographie sind inzwischen sehr rar geworden.

Viele mag es verwundern, daß auf jenen alten Lichtbildern, inmitten des Stadtzentrums, selten Menschen wahrzunehmen sind. Nun, die Menschen waren schon vorhanden, nur ließen sie sich auf den lichtschwachen Negativen jener Pionierzeit meistens nicht festhalten, weil die Belichtungszeit einfach zu lang war. Ein typisches Beispiel aus dieser Frühzeit der Photographie ist der von Fuchs aufgenommene Niederhafen um 1850 (Bild Nr. 56), eine malerische Winteraufnahme.

Nachdem um 1850 das Glasnegativ in Gebrauch kam, gab es auch in Hamburg einige Meister, die nach der neuen Methode arbeiteten. So ist uns aus der Zeit um 1860 eine Aufnahme des Photographen J. F. Lau von der alten, noch hölzernen Lombardsbrücke mit Windmühle (Bild Nr. 10) erhalten.

Sie ist weitaus schärfer als die Talbotypien, zumal die glatte Oberfläche des Glasnegativs das Einsinken der photographischen Schicht verhinderte; eine Kolorierung erübrigte sich daher.

Erfreulich ist es, daß die Lichtbildner jener Jahre sich bereits bestimmter Tagesereignisse annahmen, die sich u. a. durch Veränderungen im Stadtbild ergaben und die allgemein interessierten, wie beispielsweise der Bau der neuen Lombardsbrücke (1868). Ein Jahr darauf, im Herbst 1869, bringt C. Dammann eine Mappe großformatiger Aufnahmen mit Ansichten von der I. Internationalen Gartenbau-Ausstellung (Bild Nr. 31) heraus, deren Qualität vorzüglich war.
Die technische Entwicklung der Photographie ging weiter, und so entstanden schon um 1890 die ersten farbigen Photos mit Motiven vom Jungfernstieg, vom Hafen u. a. m. Die Lichtbildner fühlten sich – unausgesprochen – als Darsteller ihrer Zeit, wie die Photos vom letzten Pferdeomnibus (Bild Nr. 20) und vom Brand der Großen Michaeliskirche (Bild Nr. 7) zeigen. Mit ihnen begann schon im Grunde die neuzeitliche Photorcportage.

Fritz Lachmund

Zum Geleit

Hamburg besitzt eine reiche Tradition der Photographie. Als am 19. August 1839 das Verfahren des Malers Louis Jacques Mandé Daguerre durch den Physiker François Arago in Paris feierlich der Öffentlichkeit bekanntgegeben worden war, eilte der Miniaturmaler Carl Ferdinand Stelzner, seit 1837 in Hamburg ansässig, nach Paris, um sich Kenntnis der Daguerreotypie zu verschaffen. Mit Hermann Biow zusammen, der schon zuvor in der Laterne des Baumhauses im Hafen ein Daguerreotypie-Atelier betrieb, eröffnete er am 2. September 1842 ein Glashausstudio in der Caffamacherreihe 32. Stelzner und Biow trennten sich zwar bald, aber beide sind frühe, heute international anerkannte Meister der Photographie. Sie waren Bürgerphotographen, wie denn die Photographie eine „bürgerliche" Kunst genannt werden darf; sie kam gerade zurecht, um den zur politischen Macht drängenden Bürgern Bildnisse ihres Selbstbewußtseins zu liefern. Stelzners spiegelnde Daguerreotypien sind zierlich-schön wie seine gemalten Miniaturen. Biows Porträts streben nach Monumentalität in der Auffassung und in den äußeren Maßen. Gruppen machte er gelegentlich auf 27 x 32 cm großen versilberten Kupferplatten; das etwa ist das größe Format, das in der Daguerreotypie überhaupt verwendet werden konnte.

Aber Hermann Biow hatte auch „eine wahre Wuth auf berühmte und berüchtigte Personalitäten". So jedenfalls schrieb es der Anonymus Cephir in der ersten

Streitschrift der Photographie „Der Daguerreotypien-Krieg in Hamburg, oder Saphir, der Humorist, und Biow, der Daguerreotypist, vor dem Richterstuhl des Momus“, die 1843 in Hamburg erschien. Moritz Gottlieb Saphir hatte seine Feder an Biow gewetzt, der nicht schlecht zurückschlug.

Der Große Brand von Hamburg machte Stelzner und Biow zu den ersten Bildreportern der Welt, denn sie daguerreotypierten „die noch rauchenden Trümmer“. Biow bot seine 46 Aufnahmen der Artistischen Sektion des „Historischen Vereins“ zum Ankauf an, aber der Verein lehnte ab, obwohl sich Martin Gensler sehr um den Erwerb bemühte. So ging denn diese Kollektion von unschätzbarem Wert verloren. Und von Stelzners Daguerreotypien hat sich nur jener Blick vom Dach der neuen Börse über die „Brandruinen der Alstergegend“ erhalten, der sich heute im Museum für Hamburgische Geschichte befindet. Auch einige seiner Aufnahmen vom Wiederaufbau, so eine sehr schöne vom Adolphsplatz (ca. 1847), konnten durch Wilhelm Weimar, den Geschichtsschreiber der Daguerreotypie in Hamburg, bewahrt werden. Weimar wies auch bis zum Ende der Daguerreotypie gegen 1860 rund 170 in Hamburg existierende Photographen nach; unter ihnen Emilie Bieber, die 1852 das nachmals weltberühmte Atelier E. Bieber gründete.

Ich habe die Frühzeit der Photographie in Hamburg skizziert, um ihre Bedeutung der Vergessenheit zu entreißen, aber auch, weil sie noch vor der Entstehungszeit der Bildschätze liegt, die Fritz Lachmund in diesem Bande ausbreitet. Seine frühesten Dokumente wurden nach dem Positiv-Negativ-Verfahren des William Henry Fox Talbot aufgenommen. Während die Daguerreotypien ja unkopierbare Unika waren, schenkte Talbot mit seiner

Kalotypie (vom griechischen kalós = schön und typos = Ein- oder Abdruck) der Welt die vervielfältigungsfähige Photographie. Erst sie ermöglichte den Siegeszug der Photographie. Daß sich die Talbotypie, wie man sie alsbald nannte, zunächst nicht gegen die Daguerreotypie durchsetzen konnte, hatte seinen Grund in den von Talbot verwendeten Papiernegativen, die aus mancherlei Gründen weicher wirkten als die glänzenden Daguerreotypien. Erst als 1851 Frederik Scott Archer das Kollodium-Verfahren auf Glasplatten beschrieb, kam die große Zeit der Landschafts- und Städtephotographen. Doch stellte dies Verfahren außerordentliche Anforderungen, denn die Platten mußten unmittelbar vor der Aufnahme gegossen und noch naß belichtet werden. Bis zur Erfindung der photographischen Trockenplatte durch Dr. Richard Leach Maddox dauerte es noch weitere zwanzig Jahre; schließlich brachte die Einführung des Zelluloid-Films durch George Eastman 1889 den Durchbruch der Photographie zur Kulturtechnik, deren sich nun jedermann bedienen konnte.

Um die Jahrhundertwende gewann Hamburg erneut wesentliche Bedeutung für die Photographie. Alfred Lichtwark rief zur Pflege des Dilettantismus in seiner ursprünglichen Bedeutung auf, weil „der echte Kunstfreund seine Neigung durch eigene Tätigkeit bewähren müsse". Von 1893 bis 1903 fanden zumeist in der Kunsthalle die zehn internationalen photographischen Ausstellungen statt, die von dem Kaufmann Ernst Wilhelm Juhl eingerichtet wurden. Auf ihnen präsentierte sich die „Kunstphotographie", die zu einem wichtigen Bestandteil des Jugendstils wurde. Und es bildete sich um die Brüder Theodor und Oskar Hofmeister die „Hamburger Schule" der Kunstphotographie, die in unvergänglichen farbigen Gummidrucken einen eigenen norddeutschen Stil des „Wandbildes" entwickelte, der sich von den Bildern der „Wiener Schule", von denen der Amerikaner, Belgier, Engländer, Franzosen und Russen durch charakteristische Merkmale unterschied. Hätte sich Ernst Juhl nicht auch als Sammler betätigt, besäßen das Museum für Kunst und Gewerbe und die Staatliche Landesbildstelle nicht bezaubernde Beispiele dieser Stilepoche der Photographie.

Einem Sammler besonderer Art begegnen wir in dem 1911 in Hamburg geborenen Fritz Lachmund. Seinem Lehrer Paul Becker, dem er auch seinen Bildband „Die Altstadt Hamburgs in Bilddokumenten" widmete, verdankt er die Liebe zum Bild. Und seit dem zehnjährigen Fritz ein Album mit Hamburger Ansichtskarten aus der Zeit um 1900 geschenkt wurde, ergriff ihn die Lust am Sammeln photographischer Hamburgensien. Gegen 1930 fing er an, Alt-Hamburger Bauten zu zeichnen, zu malen und zu photographieren. Doch seine umfängliche Sammlung vernichtete der Krieg. Unter Opferung aller persönlichen Ansprüche an das Leben begann er nach 1945 mit verdoppelter Kraft zu sammeln; seit 1950 trat er mit seinen Bildern in Vorträgen, Ausstellungen und Veröffentlichungen hervor. Er bewies sich als Heimatforscher und als vorzüglicher Kenner der hamburgischen Topographie. Seine Bestände an Hamburger Bilddokumenten beziffert er selbst auf rund 200 000 Stücke. Wahrscheinlich die größte Bildsammlung über eine deutsche Stadt in Photographien, von denen er selbst in den vergangenen 25 Jahren einige tausend aufnahm.

In den Bildern dieses Bandes sehen wir uns einem Ensemble der „Welt von gestern“ gegenüber, das uns durch seinen archivalischen Inhalt und seine archaische Form gefangennimmt. Eine Welt des Vergangenen, die in den Lichtbildern eine fast magische Vergegenwärtigung erfährt; womit die Photographie eine ihrer bedeutendsten Aufgaben erfüllt, nämlich der menschlichen Vergeßlichkeit entgegenzuwirken.

Fritz Kempe

I

SCHAARSTEINWEG, ECKE STUBBENHUK, 1873

Das stimmungsvolle Lichtbild des Photographen Koppmann aus dem Jahre 1873 führt den Betrachter mitten hinein in die beschauliche Welt unserer Großväter, die noch überwiegend vom Fachwerk alter Giebelhäuser geprägt war. Geradezu die Ecke Stubbenhuk/Herrengraben. Im Hintergrund einige Häuser des Schaarmarkts. Über dem Bilde liegt die friedvolle Stille einer längst versunkenen Welt.

ange-Bank.
Geld Wechsel
Banking-Office.
Jacobson & Friedländer
BANK & GELDWECHSEL
Modewaaren
Destillatio

2

ÄLTESTES HAUS, PFERDEMARKT 28, 1903

Anno 1903, vor nahezu 70 Jahren, entstand die vorliegende Aufnahme des seinerzeit ältesten Hauses der Stadt. Das mit reichen Gebälkschnitzereien versehene Gebäude stammt noch aus dem Jahre 1522 und fiel im Dezember 1910 der Spitzhacke zum Opfer. Es befand sich am Pferdemarkt 28 (heute Gerhart-Hauptmann-Platz), dort, wo sich in unseren Tagen das Haus Mönckebergstraße 13 erhebt.

Gastwirthschaft
und
Frühstücks-Local.
Heinr. Drews.
schank
von
Frankfrt. Apfelwein.
Heinrich Drews
Bote.
PFERDEMARKT
Haarschneide-Salon.
August Mühlenfeldt.
Haarschneiden,
Frisiren
&
Rasiren.
Rasiren.
Ausschank v. Bier
Telephon.
Frankf. Apfelwein.
Gastwirthschaft
Telephon.
Frühstücks-Local
Heinr. Drews
Vermiethung
von
Karren
und
Wagen.

3

BREITE STRASSE 7–11 1906

Im Herzen der Altstadt entstand anno 1906 dieses Photo mit dem Blick auf die altersgraue Fachwerkzeile der Breiten Straße 7–11, die wenig später dem Durchbruch der Mönckebergstraße zum Opfer fiel. Ganz links der Anfang der Spitalerstraße; daneben einmündend der Große Barkhof. Gesehen aus Richtung Pferdemarkt (Gerhart-Hauptmann-Platz).

H. Kleiner.
Kunstanstalt für
Haltestelle
Kaffee
Thee
Caffee & Thee-Lager
Friedrich Fremann.
Caffee & Thee-Lager
Friedrich Fremann.
H. Kleiner &
Kunstanstalt.
J. Polack

4

HAMBURGER BÜRGERMILITÄR UM 1860

Über dieser lustigen Gruppe von Fußvolk des ehemaligen Hamburger Bürgermilitärs schwebt unsichtbar der bekannte Paragraph 11: Es wird weitergesoffen! Photo eines unbekannten Lichtbildners um 1860.

5

BEI DEN MÜHREN 1884

Auf diesem Photo von 1884 ist die Hafenstraße Bei den Mühren noch an beiden Seiten bebaut. Die rechte, dem Wasser zugewandte Seite wurde bald nach dieser Aufnahme abgebrochen, um Raum für den Zollkanal, der die neue Freihafen-Speicherstadt begrenzte, zu schaffen.

6

SCHAARMARKT UM 1875

Um die Mitte der 70er Jahre des vergangenen Jahrhunderts entstand die vorliegende Aufnahme des Schaarmarkts, der mit seinen Ständen und Händlern noch unverfälschten Marktcharakter zeigt. Im Hintergrund steigt die Häuserreihe des Hohlen Weges zur Englischen Planke an. Die an der Ecke vorn links 1880/81 errichtete Badeanstalt fehlt noch.

7

BRAND DER GROSSEN MICHAELISKIRCHE AM 3. 7. 1906

Am 3. Juli 1906 stand das Wahrzeichen der Hamburger, der geliebte „Michel“, in hellen Flammen. Der Brand war durch die Unvorsichtigkeit einiger Dachdecker verursacht worden. Den packenden Augenblick des Turmeinsturzes ließ sich kein Berufs- oder Amateurphotograph, der mit seiner Kamera zur Stelle sein konnte, entgehen.

8

KÖNIG FRIEDR. AUGUST V. SACHSEN MIT BÜRGERMEISTER BURCHARD

Als die Große Michaeliskirche am 3. Juli 1906 ein Raub der Flammen geworden war, besuchte am Tage darauf König Friedrich August von Sachsen, zusammen mit Bürgermeister Burchard, die Brandstätte. Dem Photographen Schaul gelang es, die Staatskutsche mit den Hohen Herrschaften festzuhalten.

OTHEKE

9

ALTBAU DER KUNSTHALLE UM 1882

Der Altbau der Hamburger Kunsthalle um 1882. Nach 1886 verschwand die offene Säulenhalle, und die Treppenanlage wurde durch eine große Auffahrtrampe ersetzt. An der Südseite entstand 1911–1917 ein Erweiterungsbau der Kunsthalle, um die durch Alfred Lichtwark vermehrten Kunstschätze unterbringen zu können. – Im Vordergrund ein Schrankenwärter der „Verbindungsbahn“ zwischen Hauptbahnhof und Dammtorbahnhof, die damals noch auf dem Niveau der Straße fuhr.

DEN BILDENDEN KUENSTEN DIE STADT HAMBURG IM JAHRE

10

ALTE LOMBARDSBRÜCKE MIT WINDMÜHLE UM 1860

Diese Aufnahme um 1860 zeigt die alte Lombardsbrücke mit der Windmühle. Die Mühle wurde beim Bau der neuen Brücke um 1865 abgerissen. Im Hintergrund, etwa in der Bildmitte, der Wiederaufbau der 1842 zerstörten Petrikirche, deren Turmhelm erst 1875/76 vollendet wurde.

II

HAPAG-VERWALTUNGSGEBÄUDE AM BALLINDAMM

So sah um 1906 das Verwaltungsgebäude der Hapag am Ballindamm aus, der zu jener Zeit noch Alsterdamm hieß. Nur wenigen ist heute noch bekannt, daß die Figuren auf dem mittleren Giebel von den Bildhauern Barlach und Garbers geschaffen wurden. Das Gebäude der Hapag wurde in den Jahren 1922/23 unter der Leitung des bekannten Hamburger Architekten Fritz Höger, der vor allem durch die Wiederbelebung des Backsteinbaus bekannt geworden ist, völlig umgebaut und beträchtlich erweitert.

12

ALSTERTOR UM 1890

Aus einem gegenüber befindlichen Hause des Neuen Jungfernstiegs „schoß“ Friedrich Strumper um 1890 diesen Blick in das Alstertor mit dem neugotischen Turm der Jakobikirche im Hintergrund. Vorn rechts, an der Ecke zum heutigen Ballindamm, das „Alster-Hotel“, an dessen Stelle sich in unseren Tagen die „Donner-Bank“ befindet. Die Häuserseite des Vordergrundes wurde nach dem Großen Brand von 1842 errichtet.

13

RATHAUSMARKT UM 1875

Der Rathausmarkt um 1875. Am Rande der Grünfläche, auf dem erst elf Jahre später mit dem Bau des neuen Rathauses begonnen wurde, halten einige Pferdebahnen, Vorläufer des „städtischen Nahverkehrs“. Im Hintergrund die Rückseite der 1841 erbauten neuen Börse, die später mit dem Rathaus architektonisch verbunden wurde.

14

RATHAUS IM BAU 1894

Der Bau des heutigen Rathauses – es ist das sechste in der Geschichte der Stadt – dauerte von 1886 bis 1897. An seiner Planung waren neun Architekten beteiligt. Die Aufnahme aus dem Jahre 1894 zeigt den Bau drei Jahre vor seiner Fertigstellung. Der Rathausmarkt, der in der Planung als Piazza eine besondere Rolle spielte, hat seine endgültige Form noch nicht gefunden.

15

ZEITUNGSVERKÄUFER 1908

Im Jahre 1908 gab es, wie das alte Lichtbild beweist, schon ein beträchtliches Angebot an Zeitungen und Zeitschriften aller Art. Neben der in Deutschland weitverbreiteten „Woche“ finden wir u. a. die „Lustigen Blätter“, die „Berliner Illustrierte Zeitung“ und vor allem „Die Hamburger Woche“, die sich lange in der Gunst des Publikums halten konnte. Eine Kollektion heimischer Ansichtskarten und „Führer durch Hamburg“ hat der geschäftstüchtige Verkäufer mit hinzugenommen.

Führer durch Hamburg
Hier zu haben
Die Hamburger Woche
Illustrirte Zeitung
Die Hamburger Woche
PLUTUS
Den Rittern von der Feder!
Wovon man spricht
Garstige Lieder

16

PATRIOTISCHES GEBÄUDE UM 1885

Das Patriotische Gebäude an der Trostbrücke. Es steht auf dem Platz des sogenannten „Alten Rathauses“, das 1842 verbrannte. An der Brücke berührten sich einst die erzbischöfliche Altstadt und die gräfliche Neustadt, die sich 1216 zu einem bürgerlichen Gemeinwesen zusammenschlossen. Ein Teil der Wasserfläche – die Aufnahme wurde um 1885 gemacht – gehörte zum ältesten Hafen der Stadt. Hier war lange Zeit – mit Rathaus, Börse, Commerz-Deputation und dem Alten Kran – das kaufmännische Zentrum der Stadt.

17

ADOLPHSPLATZ 1865

Im Jahre 1865 standen nur drei altertümliche Pferdedroschken auf dem heute mit Autos überfüllten Adolphsplatz. Rechts die neue Börse. Dahinter zwei Häuser der später beseitigten Alten Schauenburgerstraße.

Polytechnische Vorbildungs Anstalt

18

BÖRSENBRÜCKE MIT ADOLPHSPLATZ 1859

Ein Teil der Börsenbrücke um 1859 – Blickrichtung zum Adolphsplatz. Links, an der Ecke zum Großen Burstah, steht das Gebäude der damaligen Hamburger Bank, das später noch lange der Hamburger Sparcasse von 1827 als Hauptstelle diente und vor einigen Jahren durch einen Neubau ersetzt wurde.

Cigarren
Handlung
von
J.F.Schaper
Porzellan
und
Glaswaaren

19

PFERDEMARKT 1883

Der uns heute so geläufige Gerhart-Hauptmann-Platz, der auf diesem Lichtbild von 1883 noch „Pferdemarkt“ heißt, dürfte den meisten unserer Zeitgenossen fremd erscheinen – und doch ist es der gleiche Platz, wenn auch ein wenig durch der Zeiten Lauf verändert. Im Vordergrund rechts das alte Thalia-Theater, das sich damals noch an der Ecke Kleine Rosenstraße befand. Im Hintergrund, über der Jakobitwiete, der Turm von St. Jakobi. Ganz vorn ein Stück der Marienthaler Bierhalle, an deren Stelle 1911/12 das neue Thalia-Theater errichtet wurde.

THALIA THEATER
JANUS

20

ROTHENBURGSORTER OMNIBUS

Von 1875 bis 1880 betrieb die „Basson'sche Omnibus Actien-Gesellschaft" eine Linie von Hamburg nach Rothenburgsort. Die um 1880 an der Rothenburgsorter Endstation gemachte Aufnahme dürfte anläßlich der letzten Fahrt als Erinnerungsphoto gedacht sein.

12 Decksitze
Hamburg
Rothenburgsort
93
B.O.A.G.
Bäckerei & Gastwirthschaft

21

STEPHANSPLATZ AUSGANG DER 90ER JAHRE

Der Stephansplatz der 90er Jahre wirkt auf den heutigen Verkehrsteilnehmer ungewöhnlich friedlich. Lediglich das links mit seinen wuchtigen Kuppeltürmen hervortretende Postamt 36 hilft dem Betrachter bei der Identifizierung der Örtlichkeit. Im Vordergrund die Dammtorstraße, ganz links das Waterloo-Hotel.

Praesent

22

BINNEN- UND AUSSENALSTER UM 1885

Um das Jahr 1885 gelang dem Photographen Friedrich Strumper eine überaus reizvolle Aufnahme von den beiden Alsterbecken, die so typisch für das Gesicht Hamburgs sind. Rechts im Vordergrund beherrscht der „Hamburger Hof“, mit seiner Hauptfront dem Jungfernstieg zugekehrt, die Szenerie; unmittelbar am Wasser liegt der damalige Alsterpavillon.

23

JUNGFERNSTIEG UM 1890

Der Jungfernstieg um 1890. Auf den ersten Blick scheint sich in den inzwischen verflossenen acht Jahrzehnten nicht allzuviel verändert zu haben. In Wirklichkeit ist aber fast alles – mit Ausnahme der Alsterarkaden – verändert oder beseitigt worden. Der Gesamteindruck blieb jedoch erhalten.

24

ALSTERPAVILLON 1875

Seit 1799 gehört der Alsterpavillon – besungen auch von Heinrich Heine – zum Bilde des Jungfernstiegs. Er wurde im Laufe der Zeit mehrmals abgebrochen und wieder aufgebaut. Dieses Photo aus dem Jahre 1875 zeigt den dritten Pavillon.

ALSTER-PAVILLON

25

HAMBURGER MILCHMANN 1908

Noch zwischen den beiden Kriegen konnte man auf vielen Hamburger Straßen dem Milchmann mit seiner roten Karre begegnen; oft begleitet von einem Ziehhund.

3511.

26

ALTER DAMMTORBAHNHOF ENDE DER 90ER JAHRE

Der ehemalige Dammtorbahnhof, an der Rückseite der Esplanade, auf dem Platz des heutigen Hofbräuhauses. Er war von 1866 bis 1903 in Betrieb und wurde bald danach abgebrochen. Das Ende der 90er Jahre gemachte Photo zeigt die Ankunftseite vom Stephansplatz her.

27

KAISER WILHELM II. VOR DEM DAMMTOR-PAVILLON 1895

Anläßlich der Einweihung des Nord-Ostsee-Kanals kam Kaiser Wilhelm II. am 19. Juni 1895 nach Hamburg. Der Photograph hat den Augenblick festgehalten, wo der Kaiser mit seinen Söhnen (in weißen Matrosenanzügen) und Senator Lehmann vor dem Dammtor-Pavillon die Parade der Ehrenformationen abnimmt. Zwischen dem Monarchen und Senator Lehmann der Kronprinz.

28

BERLINER BAHNHOF 1898

Hamburgs erster, bereits 1842 eröffneter Bahnhof war der „Berliner Bahnhof". Er befand sich bis zum Jahre 1903 auf dem Gelände der Blumenmarkthalle in der Nähe des Oberhafens. Das 1898 aufgenommene Photo zeigt die „Überführung" des Kölner Schnellzuges zum Pariser Bahnhof.

29

ALTONA – 200JÄHRIGES STADTJUBILÄUM 1864

Am 23. August 1864 feierte Altona den Tag seines 200jährigen Bestehens als Stadt. Aus diesem Anlaß haben sich die Angestellten und Arbeiter der „Gas- und Wasser-Gesellschaft“ auf einem Erinnerungsbild verewigen lassen.

30

KAISER WILHELM II. IN ALTONA 1898

„Seinerzeit zur Kaiserzeit“ war es immer ein Ereignis, wenn „S. M.“ irgendwo auftauchte. Das beweist auch dieses in Altona um 1898 gemachte Photo.
Die Schulkinder bekamen frei, und die Mädchen grüßten den Monarchen als „Ehrenjungfrauen“.

31

I. INTERNATIONALE GARTENBAU-AUSSTELLUNG 1869

Vor gut hundert Jahren, 1869, fand in Hamburg eine „I. Internationale Gartenbau-Ausstellung“ in den Anlagen zwischen Millern- und Hafentor statt, der ein großer Erfolg beschieden war. Führende Lichtbildner wie W. Champés und C. Dammann nahmen dieses Ereignis zum Anlaß, Mappen mit großformatigen Photos herauszubringen.

32

BLEICHENFLEET UM 1870

Um das Jahr 1870 bot sich dem Photographen ein recht reizvoller Blick auf das Bleichenfleet. Heute wirkt die Ansicht, vom gleichen Standpunkt aus, wesentlich nüchterner. Wo sich damals der imposante Fachwerkbau ins Fleet vorschob, brandet heute der Verkehr der Stadthausbrücke, die es damals noch gar nicht gab.

33

BOHNSPLATZ 1887

Diese etwas skurril erscheinende, engbegrenzte Welt am „Bohnsplatz“ wurde kurz vor dem Abbruch für die Nachwelt festgehalten. Der Photograph, der die Aufnahme im April 1887 machte, blickte aus Richtung Ellerntorsbrücke zur Fuhlentwiete. Der Eingang zu dieser Welt der kleinen Leute befand sich am Neuen Wall 100.

34

SCHAARMARKT, OSTSEITE, UM 1901

Blick von der Straße Eichholz um 1901 auf die Ostseite des Schaarmarkts. Links zweigt der in Richtung Herrengraben verlaufende Große Bäckergang ab. In der Mitte der Schaarsteinweg.

Manufactur- Jürgen Hagen Modewaaren

35

SCHAARMARKT MIT MARKTSTÄNDEN 1902

Der Schaarmarkt, im Bereich der Neustadt, hat auf diesem Photo von 1902 noch nichts von seinem Marktcharakter eingebüßt, wie die Verkaufsstände der Händler zeigen. Im Hintergrund die Ecke Neustädter Neuer Weg/Bleichergang.

36

TEILFELD/GROSSER BÄCKERGANG 1904

Das Photo von der Ecke Teilfeld/Großer Bäckergang entbehrt nicht eines gewissen malerischen Reizes. Es wurde im September 1904 vom Herrengraben aus aufgenommen. Der Große Bäckergang (links) führte zu jener Zeit geradeswegs zum Schaarmarkt.

BRAUHAUS TEUTONIA
ALTONA
Christian Kähler

37

EICHHOLZ 1901

Blick vom Schaarmarkt in den 1901 noch durchgehend aus Fachwerkhäusern bestehenden Straßenzug Eichholz; eine für diese Zeit typische alt-hamburgische Straße.

Heinrich Lenecke
St. Anschar
Kameruner
Rauch
Colonial & Fettwaaren-Kaufhaus.

38
WESTPHAL'SCHE KELLERWIRTSCHAFT UM 1905

Vor der Kellerwirtschaft von Wilhelm Westphal hat eine Gruppe würdiger Herren es sich bequem gemacht. Man schreibt das Jahr 1905, als der heutige Karl-Muck-Platz noch „Holstenplatz" hieß, wie das oben angebrachte Straßenschild bezeugt.

Brauhaus
Gastwirtschaft

39

DAMMTORWALL 1879

Der Dammtorwall im Jahre 1879, wie ihn keiner der heute Lebenden mehr kennt. Im Hintergrund läßt sich noch ein Stück des Wallcharakters der Straße erkennen. Vorn rechts wurde einige Jahre später die „Kaiserliche Hauptpost“ erbaut.

40

GASTWIRTSCHAFT „ZUM TRAUBENTHAL“ 1901

Ein Teil des „Gartens“ der alten innerstädtischen Gastwirtschaft „Zum Traubenthal“, in der einst Sonnin, der Baumeister des Michel, oft zu Gast gewesen sein soll. In der Mitte der um 1901 aufgenommenen Gruppe der Wirt Heinrich Unland, scherzhaft „Hein Pudding“ genannt; davor auf dem Stuhl seine Frau „Mine“. Das Lokal befand sich am Teilfeld 25.

41

STADTHAUSBRÜCKE ENDE DER 90ER JAHRE

Blick von der Ellerntorsbrücke auf die Häuser der Stadthausbrücke. Links die Rückseite der Düsternstraße, deren Häuser der Bombensturm des letzten Krieges hinwegfegte. Das Photo entstand Ende der 90er Jahre.

SACHS
AREN
ALBERT BERNHOLD & CO.

42

VALENTINSKAMP UM 1890

Aus dem Bäckerbreitergang heraus nahm G. Koppmann um 1890 diesen Teil des Valentinskamps aufs Korn. Links die Ecke Dragonerstall. Das alte, in Fachwerk gehaltene Eckhaus wurde bald nach dieser Aufnahme durch einen langweiligen Putzbau im Zeitgeschmack ersetzt, der wiederum, vor etwa zwölf Jahren, samt den angrenzenden Grundstücken dem Abbruch verfiel. Das Gelände wird heute vom Unilever-Haus beherrscht.

Destillation
JUERS ALBERS

43

HAMBURGER ALLEINMÄDCHEN VON 1907

Ein Denkmal der treuen „Perle“ von einst könnte man diese Aufnahme einer Hamburger Hausgehilfin aus dem Jahre 1907 nennen. Auf dem Scheitel trägt sie noch den traditionellen „Hahnenkamm“. Auch die Vermietungsschilder gehören einer Zeit an, die uns längst fremd geworden ist.

Zimmer
Hier ist eine
4. Etage

44

GRASKELLER 1898

Eine „bewegte" Straßenreportage gelang dem Photographen Strumper im Sommer 1898 am Graskeller: flutender Verkehr, Rollwagen, Milchkarren, die ersten „Elektrischen" und berittene Verkehrspolizisten.

Goldene
Herren- u. Knaben Kleiderfabrik
BILL
Bier-Quelle.
Arnold & Wriedt.
MELLIN'S

45

RADFAHRER-CLUB „HANSA" UM 1890

Der „Radfahrer-Club Hansa" gibt sich auf diesem Bilde ein Stelldichein. Ein Photo aus der Anfangszeit des Hamburger Sports, gegen 1890, als gerade das „Niederrad" in Gebrauch kam. Auf der Gruppenaufnahme dominieren noch die bis dahin gebräuchlichen stählernen Hochräder (links und rechts). Beide Radtypen haben noch Vollgummibereifung!

RADFAHRER-CLUB „HANSA"
HAMBURG.
1885

46

PORTAL DER NEUEN ELBBRÜCKE 1887

1887 von dem bekannten Photographen Friedrich Strumper für die Nachwelt festgehalten, präsentiert sich hier das reichgearbeitete Portal der damals noch neuen Elbbrücke, das erst vor einigen Jahren beseitigt wurde. Im Vordergrund einer der typischen Milchwagen jener Jahre, der sich auf der Heimfahrt nach Wilhelmsburg befindet.

47
VORSETZEN 1888

Als der Photograph Friedrich Strumper anno 1888 den Auslöser seiner großen Reisekamera betätigte, hatte er ein eindrucksvolles Bild der 1. Vorsetzen „im Kasten“, das die für Hamburg so bezeichnende Atmosphäre des Hafens mit glücklicher Hand eingefangen hatte. Inmitten der Dampf- und Dunstwolken des Niederhafens herrscht geschäftiges Leben. Im Vordergrund eine Jolle mit Hafenarbeitern, die eilig zum trockenen Ufer streben.

48

VORSETZEN UND BAUMWALL 1868

Vorsetzen und Baumwall wurden hier zu einem malerischen Bild vereint. In der linken Bildhälfte das schöne Barockhaus des Reeders Roosen mit dem markanten Aussichtsturm, der etwa ein Jahrzehnt später einer Aufstockung des Hauses zum Opfer fiel. In der Mitte die noch hölzerne Roosenbrücke, die die Verbindung zum Baumwall herstellte, und rechts einige Häuser des Baumwalls. Das vorn im Wasser liegende große Holzhaus beherbergte Zoll und Akzise sowie die Hafenpolizei, die auch 1868, zur Zeit der Aufnahme, vonnöten war.

49

NIEDERHAFEN UM 1875

Blick vom Turm des Kaiserkai-Speichers auf die weite Fläche des Niederhafens und die stolze Flotte internationaler Tiefwassersegler, die hier vor Anker gegangen ist. Im Dunst des Hintergrundes verschwimmend die schwach konturierten Elbufer von Altona und Ottensen. Links ein Teil von Steinwerder; dahinter der Mündungsarm des Köhlbrands. Das interessante Zeitdokument entstammt der Mitte der 70er Jahre.

50

SCHIFF IM TROCKENDOCK UM 1885

Auf den ersten Blick möchte man das hier im Trockendock liegende Schiff mit den ragenden Masten und der Galionsfigur am Bug für einen großen Tiefwassersegler halten – dem ist jedoch nicht so. Der in der Mitte sichtbar werdende Schornstein weist es eindeutig als Dampfschiff aus. Zur Zeit der Aufnahme (gegen 1885) fuhren viele Dampfschiffe noch mit Besegelung.

51

FREIWILLIGE FEUERWEHR UM 1850

Alte Freiwillige Feuerwehr, sogenannte „Wittkittels", aufgenommen im Hafenviertel am Kehrwieder um 1850, dessen malerische Häuser in den achtziger Jahren des 19. Jahrhunderts der noch heute bestehenden Freihafen-Speicherstadt weichen mußten. Der kleine hölzerne Spritzenwagen in der Bildmitte wurde „Cope" genannt.

52
VORSETZEN, STUBBENHUK UND BAUMWALL GEGEN 1870

Dieses Photo wurde etwa Anfang der 70er Jahre des vergangenen Jahrhunderts – offenbar vom Sandtorkai – gemacht. Es zeigt noch einmal die maritime Romantik des Niederhafens vor den Bollwerkstraßen Vorsetzen, Stubbenhuk und Baumwall mit dem Wahrzeichen der Stadt, dem alten „Michel".
Mit dem Bau des für die damaligen Verhältnisse technisch hervorragend ausgerüsteten Sandtorhafens in den 60er Jahren begann für Hamburg die Neuzeit der Schiffahrt. Einige Jahrzehnte später lagen vor den alten Bollwerken keine großen Segelschiffe mehr.

53
VORSETZEN 1864

So sah es einst an einem besonders malerischen Teil der Hamburger „Küste“ aus: Vom Johannisbollwerk aus richtete sich das Objektiv der Kamera auf die „stumpfe Ecke“; sie trennte die Zweiten von den Ersten Vorsetzen.
Die Aufnahme entstand um 1864. Die eichenen Vorsetzen (rechts) lassen erkennen, wie die Straße zu ihrem Namen gekommen ist.

18.
Peter.
Bier-Halle.
S. Simon
17. Butcher. 17.

54

AMBULANTER FISCHHÄNDLER 1908

Der ambulante Fischhändler gehörte jahrhundertelang zum Hamburger Straßenbild, ebenso wie die Fischfrau, die noch zwischen beiden Weltkriegen mit ihrer kleinen Karre durch die Straßen zog. Dieses Photo entstand 1908.
Heute begegnet man Fischständen unter freiem Himmel nur noch auf dem sonntäglichen Altonaer Fischmarkt und auf einigen Wochenmärkten.

Gastwirtschaft
See.
21
21
50473.
Fischhändler „Schulln lebendige Schulln"!

55

NIEDERHAFEN 1888

Der Niederhafen, unmittelbar vor der Stadt, gesehen 1888 vom Westende des Kehrwieders, war bis zur Anlage der großen, für Hamburg noch heute typischen Hafenbecken diesseits und jenseits der Elbe der Haupthafen der Stadt gewesen.

56

NIEDERHAFENPARTIE UM 1850

„Die Elbe steht!" wie es im Volksmund hieß, wenn das Eis den Strom unbefahrbar machte. Diese Winteraufnahme vom Niederhafen um 1850 läßt erkennen, daß die Schiffe vor der Errichtung der ersten Kaianlagen mit Kränen, Gleis- und Straßenanschluß mit Hilfe großer Lastschlitten entladen wurden. Inmitten der Seglerflotte liegt ein Raddampfer, einer der maschinell betriebenen „Smeukewer", die schließlich die Windjammer von den Meeren verdrängten.

57

NIEDERHAFEN 1878

Eine prächtige Aufnahme des mit Rahseglern fast überfüllten Niederhafens um 1878. Hier kann man noch zu Recht vom „Mastenwald der Schiffe“ sprechen. Im Hintergrund der im zweiten Weltkriege zerstörte Kaiserspeicher, dessen Turm oft fälschlich „Kehrwiederspitze“ genannt wurde.

58

HAFENTOR UND JOHANNISBOLLWERK 1868

Diese Aufnahme aus dem Jahre 1868 mit den auf der Reede vertäut liegenden Tiefwasserseglern dürfte wohl zu den stimmungsvollsten zählen, die je einem Jünger der Photographie in ihrer Anfangszeit gelungen sind. Links auf dem Bild das Hafentor, dahinter das der Elbe zugekehrte Johannisbollwerk und die Englisch Reformierte Kirche.

59

PANORAMA DER „KÜSTE" 1892

Auf dieser Aufnahme aus dem Jahre 1892 ist fast die ganze hamburgische „Küste" zu sehen. Der Bogen spannt sich vom Baumwall (ganz rechts) über die Vorsetzen und das Johannisbollwerk bis zu den St. Pauli-Landungsbrücken. Die Segelschiffe, die einst dieses Uferbild belebten, sind allerdings wahrscheinlich schon abgewrackt oder liegen im neuen, großen Segelschiffshafen jenseits des Stromes.

60

ST. PAULI-LANDUNGSBRÜCKEN 1887

So malerisch sah es einmal (1887) bei den St. Pauli-Landungsbrücken aus. Die noch junge Momentphotographie hinterließ uns mit dieser Aufnahme ein eindrucksvolles Bilddokument des St. Paulianer Ufers. Ganz links das damalige St. Pauli-Fährhaus; daneben eine der ersten Anschlagsäulen.

Café-Restaurant.

Photographen-Verzeichnis

1 G. Koppmann & Co.
2 G. Koppmann & Co.
3 G. Koppmann & Co.
4 nicht bekannt
5 G. Koppmann & Co.
6 Strumper & Co.
7 Koppmann & Co.
8 Albert und Leo Schaul
9 Strumper & Co.
10 J. F. Lau
11 nicht bekannt
12 Strumper & Co.
13 nicht bekannt
14 Strumper & Co.
15 Strumper & Co.
16 G. Koppmann & Co.
17 Carl F. Höge
18 Charles Fuchs
19 Strumper & Co.
20 G. Koppmann & Co.
21 nicht bekannt
22 Strumper & Co.
23 nicht bekannt
24 G. Koppmann & Co.
25 Knackstedt & Co.
26 nicht bekannt
27 Strumper & Co.
28 Strümper & Co.
29 H. G. Nothnagel
30 Ernst Roepke
31 C. Dammann
32 G. Koppmann & Co.
33 G. Koppmann & Co.
34 G. Koppmann & Co.
35 Paul Wuttcke
36 G. Koppmann & Co.
37 G. Koppmann & Co.
38 nicht bekannt
39 G. Koppmann & Co.
40 Paul Wuttcke
41 nicht bekannt
42 G. Koppmann & Co.
43 Oscar Scheele
44 Strumper & Co.
45 Th. Wehling & Co.
46 Strumper & Co.
47 Strumper & Co.
48 G. Koppmann & Co.
49 G. Koppmann & Co.
50 Strumper & Co.
51 Charles Fuchs
52 Strumper & Co.
53 Carl F. Höge
54 Knackstedt & Näther
55 G. Koppmann & Co.
56 Charles Fuchs
57 Strumper & Co.
58 G. Koppmann & Co.
59 nicht bekannt
60 G. Koppmann & Co.

Bildverzeichnis